AF287863

Herstellung und Verlag:

BoD - Books on Demand, Norderstedt

ISBN: 9783758312151

<u>Das ehemalige Haus Glockengasse 3
in Köln und ihre Bewohner</u>

Teil der Kölner Stadtgeschichte

Max Freiherr von Oppenheim (1860 - 1946) beschreibt sein Elternhaus, dessen Vorgeschichte und Zerstörung.

Quelle:
Entnommen aus seiner Familienchronik.
"Geschichte der Familien Engels in Köln und Hartung in Mayen"
Abgeschlossen im Dezember 1943

Die Glockengasse war in früherer Zeit, so auch noch im 19. Jahrhundert, eine besonders vornehme Straße, in der vorzugsweise der rheinische Adel seine Höfe hatte (vgl. hierüber K. Schorn, a.a.O. S. 248 f). Aus zwei entstanden die längst wieder verschwundenen Gasthäuser "Mainzer Hof" und "Wiener Hof". Der erstere ist dadurch bekannt geworden, daß in ihm der berühmte Diebstahl einer Kassette der Gräfin Hatzfeldt stattfand, in welchen Lasalle verwickelt war. Ein anderes Haus der Glockengasse, gegenüber dem alten Stadttheater (jetzt Schauspielhaus), wurde später das Polizeipräsidium. Hier sah ich noch schöne Plafonds des 18. Jahrhunderts. Auch das frühere große Hotel Disch in der Brückenstraße, der östlichen Verlängerung der Glockengasse, gegenüber der Columbakirche gelegen, war ein derartiges ehemaliges Patrizierhaus. Unser Haus lag, nur durch ein kleines Haus von der Ecke der Glockengasse / Herzogstraße getrennt auf der Columbakirche gegenüber befindlichen Seite, also auf derselben südlichen Seite wie das Schauspielhaus und die alte Post.

Geschichte unseres Glockengasser Hauses.

Das Anwesen Glockengasse 3 (jetzt 3/5) läßt sich urkundlich bis in das 13. Jahrhundert verfolgen (in dem Kölner Stadtanzeiger vom 11. und 12.10.1943 ist von P.P. Trippen eine kulturgeschichtliche Studie über das Haus Glockengasse 3 publiziert worden, auf der in erster Linie die nachstehenden historischen Angaben fußen). Seine Größe betrug nach Verkaufsurkunden des 18. und 19 Jahrhunderts 49 684 Quadratfuß oder rund 5500 Quadratmeter. Auf ihm standen ursprünglich die zwei Kölner Patrizierfamilien, Tolner und Birkelin, gehörigen Wohnhäuser, an der Glockengasser Seite gelegen, nebst einem Backhaus ohne Wohnung. Schon im 13. Jahrhundert gehörten, wie heute noch, ein Haus in der Herzogstraße (das Haus "Zum hohen Dürpel") und weitere in der der Glockengasse in Süden parallel laufenden Streitzeuggasse zu den Haupthäusern. Nach einer Familientradition sollen aus den tiefen Kellern unseres Glockengasser Hauses früher unterirdische Gänge nach diesen Häusern der Herzogstraße und Streitzeuggasse geführt haben. - Die beiden "gut gebauten" Häuser Tolner und Birkelin lagen dicht nebeneinander und waren mit eine Ringmauer umgeben. Die beiden Familien mögen eng miteinander verwandt gewesen sein. Der Namen ihrer Häuser hat sich bis in das 18. Jahrhundert trotz späteren wiederholten Besitzwechsels erhalten.

Um 1440 ging der ganze Besitz Glockengasse 3 in die Hand des alten, vornehmen Kölner Patriziergeschlechtes der Hardefust über. Aber schon im Jahre 1431 wurde Peter Engelbrecht der Eigentümer des Anwesens. Dieses blieb nun in drei Generationen in seiner Familie (Peter E. 1431-1453, ein zweiter Peter E. 1453- 81, dessen Sohn Johann E. 1481 – 1516).

Als der Kaiser Maximilian zweimal die Stadt Köln besuchte, nahm er bei Johann Engelbrecht in der Glockengasse 3 Wohnung, zum ersten Male 1494 zur Zeit, als er noch König war, gemeinsam mit seiner zweiten Gemahlin, Blanca, Herzogin von Mailand. Er blieb hier 11 Tage. Das zweite Mal besuchte er Köln im Jahre 1508, wohin er einen Reichstag einberufen hatte. Dieses Mal wurde von der Stadt durch einen hohen, über die Glockengasse führenden hölzernen Gang die Wohnung Maximilians mit dem gegenüberliegenden Hause des Matthias von Blitterswick, in dem die Kaiserstochter Margarethe Quartier genommen hatte, und dann mit der Kirche St.Columba in Verbindung gesetzt, so daß der Kaiser diese Kirche besuchen konnte, ohne über die Straße schreiten zu müssen. Sehr amüsant ist die Aufzählung der Geschenke und Ehrengaben der Stadt an den Kaiser, die aus gewaltigen Mengen aus Heu, Hafer und Fischen, ferner sechs Ochsen und Wein als Proviant bestanden, des weiteren aus zwei silbernen, übergoldeten großen Kannen mit Gulden gefüllt.

In den Jahren 1516- 1521 gehörte das Glockengasser Haus (die Häuser Tolner und Birkelin mit ihren Annexen) dem Kaiserlichen Rat und Marschall Claiss Reynartz van Wissack und seinem Stiefsohn Conrad van der Dunck, 1521-38 einem Johann Questenberg. Dann blieb es von 1538-95 in der Familie von Heimbach, aus der eine Reihe von Kölner Bürgermeistern hervorging. Als im Jahre 1569 das Haus Tolner baufällig geworden war, wurde es bei dem Neubau durch den damaligen Besitzer, Junker Peter von Heimbach, mit dem Hause Birkelin vereinigt. Am 5. März 1595 ging der Besitz in die Familie eines aus dem Bergischen nach Köln übergesiedelten Mathias Duisterloe über, in deren Hand er bis in das 18. Jahrhundert, als die von Groote die Herren desselben wurden, verblieb. Mathias Duisterloe hatte in eine alte Kölner Patrizierfamilie Jabach eingeheiratet.

Sein Sohn, gleichfalls Mathias, hatte in seinen kaufmännischen Geschäften zunächst wenig Glück, wurde aber von seinen beiden Schwestern gerettet. Da er unvermählt geblieben war, vermachte er diesen bei seinem Tode 1645 sein bedeutendes Vermögen und damit auch das Glockengasser Haus.

Ende des 17. und Anfang des 18. Jahrhunderts gelangte der Besitz Glockengasse 3 nach und nach durch Erbschaft aus der Hand der Duisterloe in die der von Groote, mit denen diese sich verschwägert hatten. Die de Groote waren ein holländisches Geschlecht. Als ihr erster Kölner Ahnherr wird von Fahne, a.a.O. S. 120, Nicolaus von Groote aufgeführt, der aus Ypern eingewandert war.

Sein Ur-Ur-Enkel, der Großkaufmann und spätere Bürgermeister von Köln Franz Jacob Gabriel von Groote, Herr zu Kendenich, vermählt mit Ursula Columba von Pütz, ließ die alten Häuser Tolner und Birkelin niederlegen und an ihrer Stelle durch den Baumeister Cracamp einen vollkommen anders gearteten Neubau errichten (so nach Vogts anno 1752. In den zitierten Aufsätzen von Trippen im Kölner Stadtanzeiger wird in dem ersten Artikel vom 11.Oktober 1943 die Zeichnung "De Grootische Hauss zu Coellen in der Klöcker Gassen 1720" in der alten Bauform (Tolner und Birkelin) und im zweiten Artikel vom 12.10.43 die Zeichnung "De Grotische Hauss zu Coellen auf der brücken über St.Columba 1724" gegeben. Die letztere entspricht der von Vogts vorgeführten und von meinem Großvater und meinen Eltern beibehaltenen Fassade).

Als infolge der Franzosenherrschaft sein Sohn Hans Heinrich von Groote, ebenfalls Bürgermeister von Köln, starke Einbußen erlitt, kam das Glockengasser Haus im Jahre 1808 an einen Peter Anton Fonk aus Goch bei Krefeld. Dieser benutzte fast alle Räume des schönen Palais für seine Bleiweißfabrik und Frucht- und Kleesamen-Handlung. Doch geriet er bald in große Schwierigkeiten verschiedener Art, so daß sein Schwiegervater, der Kölner Tabakhändler Heinrich Foveaux das Anwesen übernahm. Dieser vermietete das Palais in den Jahren 1815-22 an den Grafen Friedrich von Solms-Laubach, den Oberpräsidenten der Provinz Niederrhein mit dem Sitz in Köln, für 1200 Taler jährlich, indem der Fiskus die Wiederinstandsetzung der durch Fonk stark beschädigten Innenräume des Hauses übernahm. Im Jahre 1823 kaufte Frau Elisabeth Essingh das Glockengasser Haus von den Foveaux, die es bei ihrem bald darauf erfolgenden Tode testamentarisch ihrem einzigen Bruder Philipp Engels, meinem Großvater, hinterließ. Meine Mutter übernahm im Jahre 1866 ihr elterliches Haus (der eigentliche Vertrag, durch welchen mein Großvater Philipp Engels seiner Tochter Paula das Glockengasser Haus verkaufte, datiert vom 30.November 1865. Der Einzug meiner Eltern erfolgte dann im Jahr 1866. (Archiv Vollrads).

Von kulturhistorischem Interesse sind die Angaben in dem Buche von Prof. Dr. Hans Vogts "Das Kölner Wohnhaus bis zum Anfang des 19. Jahrhunderts", Köln 1914, auf S. 236, über die frühere Wertschätzung unseres Glockengasser Hauses.

Er schreibt hier:

"Interessanter werden die Preisangaben, wenn mehrere aus verschiedenen Zeiten erhalten sind, die dasselbe Haus betreffen, wie das bei dem großen Besitz Glockengasse 3 (Tolner und Birkelin) mit seinen Zinshäusern in der Herzogstraße und Streitzeuggasse der Fall ist: Zu Anfang des 15. Jahrhunderts kostete er (anläßlich des Verkaufs der Hardefust an die Engelbrecht) 583 Gulden (Schreinbuch 269, vom 5.7.1431);

1589	schätzte man ihn auf 6000 Taler (Greving, Mitt.a.d. Stadtarchiv, Bd. 31, S.18/19),
1595	wurde er für 10.000 Taler (der Taler zu 52 Albus) an die Duisterloe verkauft (Oppenheim'sche Hausakten, 15.3.1595, vgl. Weinsberg IV S. 226),
1651	wurde er auf 15.300 Taler (Oppenheim'sche Hausakten) und
1670	auf 10.000 Kölner Taler geschätzt (Oppenheim'sche Hausakten),
1792	nach vollständigem Neubau für 17.000 Reichstaler (an Peter Anton Fonk) verkauft (Oppenheim'sche Hausakten).

Diese Aufwärtsbewegung des Wertes wird durch die französische Revolution unterbrochen. 1823 wurde er dagegen wieder für 12.800 Reichstaler oder 36.000 francs verkauft (Oppenheim'sche Hausakten).

Aus diesen Preisbewegungen kann man Schlüsse auf den wirtschaftlichen Stand der Stadt ziehen, der oft durch auswärtige Ereignisse bestimmt wird; so berichtet Weinsberg um das Jahr 1581 von einem durch den niederländischen Krieg hervorgerufenen plötzlichen Aufsteigen der Miet- und Häuserpreise, wofür er den Fall einer fünffachen Erhöhung der Hausmiete anführt (Weinsberg III, Seite 92)."

Vogts fährt a.a.O., S. 238, fort:
"Über den geringen Wert der Kölner Häuser zur Franzosenzeit gibt eine Schätzung vom Jahre 1798 Aufschluß (Stadtanzeiger vom 15.5.1900 Nr. 219). - Damals hatte nach der Meinung dieser Tabelle nur ein Besitz einen Wert von 24.000 frcs.: das jetzige Erzbischöfliche Palais, Gereonsstraße 12 mit seinem großen Garten, das von Geyer'sche Haus Breitestraße 92 und das damals von Franz'sche Bankhaus Hohestraße 111, beide mit großen Gärten, wurden auf je 20.000 frc. geschätzt, die Häuser Glockengasse 3, Blaubach 28 (Lippesches Palais), Herzogstraße 4 und fünf andere auf 15.000 - 20.000, das Herstatt'sche Haus an der Hohepforte und das Oppenheim'sche in der Budengasse auf 10.000 – 15.000 frcs., - alle übrigen Wohnhäuser auf weniger."

Aus den Ausführungen von Vogts ergibt sich, daß das Haus Glockengasse 3 jedenfalls immer zu den vornehmsten und wertvollsten der Stadt Köln gehört hat.

Beschreibung unseres Glockengasser Hauses.

Hans Vogts hat sich in seinem erwähnten Buche auch eingehend mit dem Äußeren und der inneren Einteilung des Hauses Glockengasse 3 zur Zeit der von Groote beschäftigt. Er gibt eine Abbildung der Fassade zur damaligen Zeit und erläutert sie ausführlich. Die Fassade ist bis zum heutigen Tage als solche unangetastet geblieben. Nur das in ihrer Mitte oben am Giebel angebrachte Allianzwappen der Erbauer (Groote, Pütz) mit der Inschrift "Anno 1752" ist durch das Oppenheim'sche Wappen ersetzt worden. Damals hatte das Haus nur einen einzigen Tordurchgang in der Mitte. Durch zehn schlanke Pilaster mit zusammengesetzten Kapitellen gegliedert, erhebt sich der neunachsige, dreistöckige Bau mit waagerechten Fugungen. Der Balkon über dem Tore tritt nur wenig hervor. Der Stil nähert sich dem des Louis XV. Die Fassade besitzt große Ähnlichkeit mit der des gleichfalls von Cracamp erbauten Nesselroder Hofes am

Neumarkt, gleich neben der Schildergasse. Hier war in preußischer Zeit das allgemeine Offizierskasino von Köln.

Auf Grund der späteren Neubauten durch meinen Großvater und meine Eltern vergrößerte sich die Straßenfassade des Glockengasser Hauses um mehr als die Hälfte. Von der Straße aus rechts Groote´schen Teiles hatte mein Großvater Engels sein durch zwei Etagen gehendes Treibhaus errichtet, indem er damals schon ein neues, für Equipagen benutzbares Eingangstor neben die Groote´sche Fassade einsetzte. Mein Vater hat das Treibhaus wieder abgerissen und an seinerstatt seine berühmt gewordene Gemäldegalerie in einem neuen Anbau, der vom 1. Stock an durch zwei Etagen ging, untergebracht. Gleichzeitig wurde ein drittes Tor nach Westen zu angebaut, so daß die Wagen im Innern des Hauses über einen Innenhof, an welchem die Stallungen für Wagenpferde und die Remisen lagen, zirkulieren und dieserart ein- und ausfahren konnten. Die Vorderseite des neuen Anbaus meines Vaters mit der Gemäldegalerie ist durch drei überlebensgroße Steinfiguren von Rembrandt, Holbein und Dürer geschmückt. Die hölzernen neuen Torflügel sind dem alten Groote´schen Tore nachgeschnitzt worden.

Der ehemalige Groote´sche Torweg führt zur Zeit meines Vaters unter dem Tanzsaal, der gleichfalls durch zwei Etagen ging, in einen großen eigenen Innenhof, der ganz hinten in ein mehrstöckiges Lagerhaus endete. Dieses wurde früher von meinem Großvater Engels für die aus Argentinien importierten Felle benutzt; zu meiner Zeit war hier eine Ausstellung von landwirtschaftlichen Maschinen eines Herrn Moll. Links davon, nach dem Zinshaus in der Herzogstraße zu, waren von meinem Vater ein Stall für drei Reitpferde und eine Kutscherwohnung hergestellt, während nach rechts eine Tür zu unserem großen Garten führte. Aus dem erwähnen Grotte´schen Tordurchgang ging nach rechts eine Tür zu der Küche und nach links eine solche in die frühere Wohnung der Familie meines Stiefonkels Karl Engels. Zur Engels´schen Zeit konnte man auf dem 1. Stock durch eine Verbindungstür in diese Nebenwohnung gelangen. Letztere war später zu unserer Oppenheim´schen Zeit vermietet, und zwar, soweit ich mich noch zurückerinnere, an den Kölner Dombau-Verein.

Der Garten war schon zur Zeit meiner Großeltern gut gepflegt, mit mehreren jahrhunderte alten Bäumen, einem prachtvollen Rosenbestand, einer Grotte aus Lavagestein, einem großen Springbrunnenbassin, einem verschließbaren Gartenpavillon und mit kleineren Treibhäusern versehen.

Eine im orientalischen Stil gehaltene große Eisenkonstruktion hat schon vor der Zeit meiner Eltern die ganze Rückfassade des Haupthauses sowohl im Erdgeschoss als auch als Balkon auf dem 1. Stock abgeschlossen, indem die Verlängerung derselben dann den rechten, westlichen Innenhof mit den Stallungen und Remisen gegen den Garten abgrenzte.

H. Vogts geht a.a.O. S. 35 auf die Einteilung unseres Glockengasser Hauses zur Groote´schen Zeit ein. Er schreibt:

"Nach der Verkaufsverhandlung von 1823 (Foveaux-Essingh) enthielt das Erdgeschoss das Vorhaus, den Saal, zwei Küchen und neun Zimmer, das Obergeschoss einen zweiten Saal und fünfzehn Zimmer, das zweite Obergeschoss acht Zimmer. In dem Hinterbau in der Streitzeuggasse war ein Pferdestall für sechs Pferde, Remise und Mansardendach."

Mein Großvater Engels hat an dem <u>Innenbau</u> das Hauses zur Groote´schen Zeit nur wenig geändert.

Dagegen haben meine Eltern bei Übernahme des Hauses im Jahre 1866 eine Umgestaltung im Innern und vor allem die Errichtung eines bis zum 3. Stock gehenden Treppenhauses aus weißem Marmor von dem Architekten Hoffmann aus Paris vornehmen lassen. Die Kuppel des Treppenhauses ist oben mit französischen allegorischen Gemälden geschmückt. Derselbe Architekt hat später die in unserem Besitz befindliche Commende Ramersdorf umgebaut. Er hat auch die Drachenburg auf dem Drachenfels bei Königswinter errichtet und in Dresden in dem schönen, von Semper erbauten Palais unserer Großeltern Oppenheim, das auch von meinem Onkel und meiner Tante, Baron und Baronin Kaskel, bewohnt wurde, im Innern Umbauten ausgeführt (dieses Haus ging später durch Erbschaft in den Besitz der Kaskel über. Gegenwärtig ist es Eigentum der Stadt Dresden und steht unter Denkmalschutz).

Durch die von meinem Vater vorgenommenen baulichen Veränderungen war auf dem ersten Stock des Glockengasser Hauses eine lange Reihe von sieben, durch breite, hohe Zimmertüren miteinander verbundenen Gesellschaftsräumen entstanden, die die ganze Front des Hauses nach der Glockengasse zu, abgesehen von einem einzigen Zimmer an der östlichen Ecke, einnahmen: beginnend im Westen mit einem großen, viel benutzten Billardzimmer über dem westlichen neuen Tordurchgang und alsdann die Bildergalerie sowie den Ballsaal nebst weiteren Räumen enthaltend. Jenseits des westlichen Tordurchganges lagen im Parterre noch Wirtschaftsräume, Remisen und anschließend daran, nach Süden zu, die Stallungen und Sattelkammer, über diesen Kutscher- und Gärtnerwohnungen, unter der Gemäldegalerie Dienerzimmer und Wirtschaftsräume. Im Parterre des alten Groote'schen Baues lag nach dem Umbau durch meinen Vater an der Front der Glockengasse zu das große Speisezimmer mit seiner keramischen Sammlung, den alten Boiserien und dem großen Barock-Kamin, sowie das Speisezimmer unserer Leute, östlich des Marmortreppenhauses die Küche und nach dem Garten zu zwei größere, schon von Philipp Engels hergerichtete Gartenzimmer, in welchen in den Plafonds die

Gemälde seiner Söhne in ovalen Medaillons angebracht waren. Auf dem ersten Stock befand sich im Westen des Treppenhauses das kleine Eßzimmer, immerhin groß genug für 24 Personen, während nach dem Garten zu die Privatgemächer meiner Eltern: Schlafzimmer, Frühstückszimmer ect., sowie an der südöstlichen Ecke das Arbeitszimmer meines Vaters lagen; ferner nach dem langen östlichen Innenhof zu noch zwei weitere Wirtschaftsräume.

Auf dem zweiten Stock waren die zahlreichen Zimmer für uns Kinder bezw. auch Fremdenzimmer mit Fenstern nach der Glockengasse, nach den Innenhöfen und dem Garten zu; im dritten Stock Zimmer für die Bediensteten und die ausgedehnten Speicherräume. Diese begriffen auch diejenigen des Nebenhauses jenseits des alten Groote´schen Tordurchgangs im Osten unseres Anwesens ein.

Als Überrest der ehemaligen Häuser Tolner und Birkelin ist ein Teil einer Hauskapelle in einem hinteren Raum des ersten Stockes, und zwar an der südöstlichen Ecke, in dem erwähnten, ehemaligen Arbeitszimmer meines Vaters, erhalten. Der kleine Chorabschluß mit dem Altar besteht heute noch. Mit einem Bogengewölbe einfachster gotischer Form ist er als Erker nach Osten hin vorgekragt. Bis zum Tode meines Vaters waren die drei interessanten ursprünglichen bunten Glasfenster aus dem 13. oder 14. Jahrhundert innerhalb des Chors noch vorhanden. Noch zur Zeit meiner Eltern wurde hier bei besonderen Anlässen die Hl. Messe gelesen.

Was nun die alten Zinshäuser betrifft, so waren diese von meinen Eltern anderweitig vermietet. Das Haus in der Herzogstraße besitzt noch sein mehrere Jahrhunderte altes Gepräge im Innern und Äußern. Philipp Engels benutzte die Zinshäuser in der Streitzeuggasse teilweise als Stallungen und Kutscherwohnungen. Hier hatte er auch seine Stadt- und Landwagen und die große Reisekalesche eingestellt, mit der er in früheren Zeiten aus geschäftlichen Gründen Frankreich und Italien zu bereisen pflegte. In der Mitte des vorigen Jahrhunderts brannten die Häuser in der Streitzeuggasse ab und wurden dann wieder als Wohnhäuser hergerichtet. Noch zu meiner Zeit hatten wir einen Schlüssel zu einer Tür, die unseren Garten von dem Hofe eines der drei kleinen Häuser in der Streitzeuggasse trennte. Der dortige Mieter hatte diesen Schlüssel nicht.

Unmittelbar östlich neben den Zinshäusern der Streitzeuggasse lag das Kloster "Karl-Joseph-Haus", in dessen Besitz unser großes Glockengasser Familienhaus später übergehen sollte.

Nach dem Tode meiner Eltern haben die Erben im Jahre 1921 das Palais Glockengasse 3, nachdem es ein Jahrhundert in unserer Familie, zuerst bei den Engels und dann bei meinen Eltern, gewesen war, in dem meine Mutter geboren wurde und verstorben ist, an den Erzbischöflischen Stuhl in Köln verkauft, der es dem Kloster "Karl-Joseph-Haus" überwies. Das "Karl-Joseph-Haus" ist ein von Franziskaner-Schwester geleitete Heim für weibliche Studierende und werktätig Frauen und Mädchen, in dem auch alte Damen Aufnahme finden. Das Kloster hat an den von meinen Eltern vorgenommenen Innenbauten des Haupthauses nichts Wesentliches verändert, dagegen hat es das alte, durch mehrere Stockwerke gehende Lagerhaus neben dem Garten in eine geräumige Kapelle und in Schlafzimmer umgewandelt, und später, schon innerhalb des Gartens, kleinere neue Bauten für Wirtschaftszwecke errichtet.

Vor einer Reihe von Jahren ist unser Glockengasser Haus durch die Stadt Köln unter Denkmalschutz gestellt worden

Joseph Philipp Engels.

Mein Großvater Joseph Philipp Engels, geboren zu Köln 18.10.1788, gestorben zu Köln 15.3.1867.

Er soll als Erster die Tomate, deren Pflanzen er aus Italien mitgebracht hatte, in Deutschland gezüchtet haben. Sie wurde zunächst von ihm in dem berühmt gewordenen Treibhaus seines Palais in Köln, Glockengasse 3, mit vielen anderen interessanten exotischen Pflanzen gepflegt. Damals waren Treibhäuser für Deutschland eine seltene Angelegenheit.

Im Jahre 1825 bezog er das große alte Patrizierhaus Glockengasse 3. Dieses hatte ihm seine Schwester Marie Elisabeth, die Witwe von Wilhelm Engelbert Essingh, vererbt. Sie war am 5.4.1787 zu Köln geboren und starb zu Köln am 13.3.1825. Das Haus war lange Zeit im Besitz der Familie von Groote, die es im 18. Jahrhundert umbaute. Später gehörte es den Eheleuten Kaufmann Heinrich Joseph Foveaux und Maria Katharina geb. Scholl, von denen es Elise Essingh am 16.6.1824, nicht lange vor ihrem Tode, erworben hatte

Besonders seit der Übersiedlung von Philipp Engels in die Glockengasse wurde sein Haus eines der Haupt-Centren der Kölner Gesellschaft. Er gehörte zu den prominentesten Persönlichkeiten des wirtschaftlichen und geselligen Lebens in Köln der ersten Hälfte und der Mitte des vorigen Jahrhunderts. Dieses wird wiederholt in der Literatur bezeugt, so von Karl Schorn (Landgerichts-Kammerpräsident a.D.) in seinem Buche "Lebenserinnerungen, ein Beitrag zur Geschichte des Rheinlandes im neunzehnten Jahrhundert" (Bonn 1898) 1. Bd. S. 250.

Schorn schreibt hier (Wiedergegeben in einem Artikel der Kölnischen Zeitung/ Stadtanzeiger vom Mittwoch, den 15. April 1942, Abendblatt Nr. 191 "Das Musikalische Leben Kölns um 1840 von Karl Schorn"):

„Unter den Privatbällen und Gesellschaften nahmen die von Phil. Engels den ersten Rang ein. Hier fanden sich viele Maler und Künstler, Literaten, Beamte, Kaufleute und schöne Frauen, denen glänzende Salons und prachtvolle Gewächshäuser freie Bewegung gewährten, so daß man sich hier gar nicht geniert fand…."

Bei einem großen, von Philipp Engels arrangierten Fest der Stadt Köln zu Ehren König Friedrich Wilhelm IV. hatte er seine kostbarsten Möbel und Tafelgeräte hergegeben.

Am musikalischen Leben seiner Vaterstadt nahm Philipp Engels regen Anteil. Meine Großmutter Adrienne Engels erzählte gern von einem in ihrem Haus abgehaltenen Konzert von Franz Liszt. Sie sprach u.a. auch davon, daß der berühmte Frauenliebling Liszt ihr, allerdings vergeblich, in seiner stürmischen Art den Hof zu machen versuchte.

Mein Großvater hatte neben dem alten Groote´schen Bau nach Westen zu ein großes Treibhaus angebaut, das durch zwei Stockwerke ging. Eine eiserne Wendeltreppe führte aus der ersten Etage, von den Wohnzimmern des Haupthauses aus, auf seinen grünen Boden hinab, wo man an kleinen Tischen den Tee einnehmen konnte.

Philipp Engels war ein außerordentlich kunstliebender Mann. Viele Kunstschätze verschiedenster Perioden und Arten schmückten sein Wohnhaus in der Glockengasse. Der Katalog seiner Kunstsammlungen ist erhalten (ein Exemplar im Archiv Vollrads). Ich zitiere daraus:

"Mit dem am 15.3. des Js. (1867) erfolgten Ableben des Rentners Herrn Philipp Engels verlor Köln wieder einen seiner Kunst-Mäcene, der, ähnlich den alten Geschlechtern der Jabach etc., nicht nur in freundschaftlichem Verkehr mit den hervorragendsten Künstlern der Gegenwart stand, sondern dieselben auch vielfach beauftragte, durch die Erzeugnisse ihres Genies und ihres Pinsels die in anerkanntem Geschmack und Komfort eingerichteten Räume seines Hauses und seiner Villa (in Godesberg) ausschmücken zu helfen; es entstand so eine Galerie, die obgleich wenig zahlreich an Nummern, sich jedoch mit dem gewiß seltenen Ausspruche: <u>sie enthält nichts geringes, selbst nichts mittelmäßiges</u> am einfachsten charakterisieren läßt. Eine ganze Anzahl der darin enthaltenen Bildern haben sich einen europäischen Ruf erworben...."

Das im Katalog unter Nr. 7 als "<u>Hubert van Eyck, angeblich Anton von Burgund</u>" bezeichneten Gemälde ist jener berühmte "Mann mit der Nelke" Jan van Eyck´s, jetzt eines der Glanzstücke des Kaiser-Friedrich-Museums in Berlin. Es gelangte im Jahre 1867 nach dem Tode von Philipp Engels für 900 Taler in die Sammlung Suermondt in Aachen und von dort im Jahre 1874 für 10 000 Taler an die Staatlichen Museen zu Berlin.

Meine Eltern, Albert Freiherr von Oppenheim und Paula geb. Engels.

Mein Vater, Albert Moritz Philipp Freiherr von Oppenheim, geboren 13.11.1834 zu Köln, gestorben 23.6.1912 in Hamburg, vermählte sich am 8.7.1858 in Köln mit Paulina (Paula) Franziska Theodora Hubertina Engels, geboren zu Köln am 29.6.1837.

Meine Eltern waren außerordentlich gesellig. Wie bereits erwähnt, bezogen sie im Jahre 1866 das bisher von Philipp Engels bewohnte große Haus Glockengasse 3 – 5, nachdem sie vorher in einem kleineren Haus in der Elisenstrasse in Köln gelebt hatten. Nach den Umbauten und der Modernisierung des Glockengasser Hauses setzten sie hier die Gastfreundschaft meiner Großeltern Engels fort. Als Kind schon nahm ich bei Kotillon-Vorführungen an den großen Bällen im elterlichen Haus teil, bei denen manchmal über 300 Gäste erschienen.

Wie sein Schwiegervater Engels war mein Vater ein besonderer Freund und Förderer der Kunst. Auf dem Gebiete der bildenden Künste hat er insbesondere Gemälde der alten holländischen Schule, ferner aber Kunstgegenstände verschiedenster Art gesammelt, unter diesen in erster Linie alte keramische Erzeugnisse, französische und italienische Skulpturen, Gegenstände der ganz alten christlichen Kunst, Glasfenster, Boiserien usw. Vor allem seine Gemäldegalerie hat sich einen Weltruf erworben. In ihr befanden sich insbesondere Bilder von holländischen und vlämischen Meistern, so prachtvolle Petrus Christus, Quinten Massys, Holbein, Rubens, Rembrandt, Van Dyck, Ruisdael, Frans Hals ect.

In dem großen Speisezimmer unseres Glockengasser Hauses im Parterre-Stock hatte mein Vater an den Wänden das geschnitzte Holzwerk eines eigens dafür gekauften alten niederrheinischen Hauses mit Türen usw. untergebracht. Hier wurde auch die bedeutende Sammlung rheinischer und süddeutscher Keramik in Vitrinen vorgeführt und ein großer hoher Renaissance-Kamin eingebaut. Letzter wurde nach dem Tode der Eltern von den Erben der Stadt Köln geschenkt, die den Kamin im Kölner Rathaus aufstellte.

Nach dem Tode meines Vaters wurden seine Sammlungen im Jahre 1914 bei Lepke-Helbing in Berlin versteigert. Für den reich ausgestatteten Auktionskatalog der Bilder hat Prof. von Bode, Generaldirektor der Staatlichen Museen in Berlin, und für den der anderen Kunstgegenstände Prof. O. von Falke in einem "Vorwort" eingehende Würdigung verfasst. Vorher schon hatte Prof. E. Molinier in einem größeren Werke "Collection du Baron Albert Oppenheim, Tableaux et Objets d´Art, Catalogue précédé d´une Introduction", Paris 1904, die Kunstsachen und vor allem die Bilder, sowie der Direktor des Kölner Kunstgewerbemuseums, A. Papst, die keramischen Sammlungen meines Vaters (Leipzig O.J.) beschrieben. Mein Vater stand mit vielen Kunsthistorikern in dauerndem schriftlichen und persönlichen Gedankenaustausch. Zweifellos war er ein wirklich ausgezeichneter Kunstkenner.

Es wird dieses wohl am besten durch die folgende kleine Episode unter Beweis gestellt: In den 90ger Jahren kaufte mein Vater von dem Antiquitätenhändler Bourgeois in Köln einen großen Rembrandt: "Saul und David". Als Prof. v. Bode, der alljährlich einmal nach dem Rhein zu kommen pflegte und dann regelmäßig meinen Vater besuchte, das neue Bild ansah, erklärte er, daß es nie und nimmermehr von Rembrandt stamme. Mein Vater solle es, da es im Verhältnis zu den übrigen Bildern seiner Gemäldegalerie zu schlecht sei, unbedingt dem Händler zurückgeben. Dieses lehnte mein Vater jedoch ab, und er blieb auch ein zweites Mal, als Bode wieder zu ihm kam, bei seiner Ansicht, das Bild sei ein

Rembrandt und zwar ein hervorragend guter. Erst nachdem Herr von Bode ein drittes Mal meinen Vater gedrängt hatte, sich von dem Gemälde zu trennen, folgt er, wenn auch sehr widerstrebend, diesem Rate und tauschte das Bild bei Bourgeois gegen ein anderes um. Gleichzeitig teilte er dieses Herrn von Bode nach Berlin mit. (Im Jahr 2015 wurde das Gemälde als echt anerkannt. Nachtrag vom Herausgeber Torsten Jonentz).

Ebenso wie sein Schwiegervater hatte mein Vater auch eine besondere Liebe und großes künstlerisches Verständnis für die Musik. Er war einer der Begründer und Vorsitzenden des Konservatoriums für Musik in Köln, ferner einer der Kuratoren der Kölner Theater und Sachverständiger für das Engagement der Solisten für die Oper. Ich habe viele rheinische Künstler und besonders auch Musiker, Sänger und Sängerinnen in meinem elterlichen Hause kennen gelernt, die bei uns öfters wunderbare Konzerte im kleinen Kreis gegeben haben.

Meine innigst geliebte Mutter verstarb in Köln am 1. April 1919 in dem Glockengasser Haus, in dem sie geboren war und in dem sie, abgesehen von den ersten Jahren ihrer Ehe, dauernd gelebt hatte.

Für uns Kinder meiner Eltern Albert und Paula von Oppenheim war das Glockengasser Haus in Köln unser Heim, in dem wir großgezogen worden sind und das wir alle liebten.

Im Folgenden gebe ich eine Mitteilung, die mir in freundlicher Weise die Oberin des Karl-Joseph-Hauses, Schwester Mildreda, über die Schreckensnacht zum 29. Juni – dem Geburtstage meiner Mutter! - zugeführt hat:

Köln, 3.8.1943.

"Sehr geehrter Herr Freiherr von Oppenheim!
Für Ihre freundlichen teilnahmsvollen Worte vom 9.7. sage ich Ihnen innigen Dank. Durch kurze Krankheit und die vielen Laufereien war es mir nicht möglich, Ihnen sofort Nachricht zu geben. Mit Bedauern muß ich Ihnen sagen, daß bei dem Großangriff am 29.6. das ganze Besitztum zerstört wurde. Gleich zu Anfang erhielt unsere Kapelle einen Volltreffer, dann folgte Schlag auf Schlag, so daß in Zeit von einer guten Stunde alle Häuser, sowohl Glockengasse wie Streitzeuggasse von Parterre bis zum Dach in Flammen standen. Gott sei Dank ist kein Menschenleben zu beklagen, wir hatten im Neubau die Luftschutzkeller nach Vorschrift neu gebaut. Dann hatten diese Häuser Decken aus Eisenbeton, die sich auch bei dem Angriff bewährten. Trotzdem mußten wir nachher diese Luftschutzkeller auch verlassen, der Qualm drang überall durch und die Keller der Streitzeuggasse faßten Feuer, das überzugehen drohte. Mitten im Garten stand der Fischteich, den wir jeden Abend bis zum Rand mit Wasser füllten, um für den Notfall mit Wasser versorgt zu sein. Zu diesem Teich flüchteten wir, denn in jener Nacht hatten wir kein Licht, kein Wasser und auch keine Feuerwehr, es mußte alles ausbrennen. Die Frauen und Mädchen stellten sich in das Wasser, wir standen davor und wurden von den Mädchen mit Wasser bespritzt. Die alten Leutchen saßen um den Teich und hingen wir ihnen nasse Decken um, damit sie von den Feuerwolken, die über uns tobten, nicht in Brand gerieten. Die Luftmienen, die auf unsere Häuser fielen, verursachten einen Sturm, so daß das Feuer um uns hertanzte. Ich hielt nur Umschau, ob Leute in Brand gerieten. Gegen 9 Uhr morgens kamen die ersten Soldaten, um zu helfen. Die Trümmer waren so hoch, daß alle Leutchen bis zum Heumarkt getragen

werden mußten. Unsere Nachbarn sind fast alle tot. Die Keller der Streitzeuggasse waren fast alle nicht bombensicher. Die Luftschutzkeller waren meist neben dem Kohlenkeller. Die Kohlen sind meist nicht verbrannt, wurden wohl glühend und gaben infolgedessen Gase ab, wodurch die meisten Leute erstickten. Im Dischhaus waren 40 Tote, bei Schwabenland neben uns 12 Tote, in der Columbastraße klopften abends, als wir fortgingen, die Leute in den Kellern und pfiffen, am folgenden Morgen waren die Kellerlöcher offen und es kam eine Glut heraus, daß unmöglich ein Menschenleben in dieser Hitze leben konnte. Sie können sich ein Bild von den Trümmerhaufen machen, wenn Sie bedenken, daß von der Glockengasse bis zur Gereonskirche kein einziges Haus mehr steht, ebenso nach der anderen Seite bis zum Opernhaus, man läßt den Mut sinken vor dem Trümmerhaufen. Das ganze Karl-Joseph-Haus, das ehemalige Besitztum Ihrer verehrten Eltern, ist ganz zerstört, die Nebenbauten, die sich daran anschlossen, liegen auch in Trümmern. Die Trümmer haben so viele Risse und sind gebogen, so daß Einsturzgefahr droht, man spricht von einer Sprengung. In der Streitzeuggasse sind nur Trümmer. Die einzigen Häuser, von denen noch etwas übrig ist, sind die neuen Häuser im Garten, die aus Eisenbeton gebaut sind. Die Kochküche steht noch, doch sind die vier Etagen über der Küche ausgebrannt. Im Neubau steht der Vereinssaal Parterre mit einigen Rissen, die Kapelle über dem Saal erhielt einen Volltreffer, so brannten auch die Schlafräume der Schwestern über der Kapelle ab. Das Haus neben der Küche, das unsere Wirtschaftsräume wie Waschküche, Bügelzimmer, Nähzimmer enthielt, hat am wenigsten gelitten. Dieses Haus und auch unsere Kochküche sollen wieder betriebsfähig gemacht werden. Seit Kriegsausbruch kochen wir täglich für 300 Personen des Polizeipräsidiums, der Luftschutzpolizei und des S.H.D. Dafür sollen die noch vorhandenen Räume wieder gebrauchsfähig gemacht werden. Wir benötigen dafür auch Schlafgelegenheit, denn es sind 300 Betten mit Zubehör in unseren Häusern verbrannt. Köln gleicht einer toten Stadt, es fährt von Zeit zu Zeit die Gulaschkanone durch, um den Leuten ein Eintopfgericht zu verabreichen. Die Columba-Pfarre hat kein einziges Haus mehr. Das Haus des Hochwürdigsten

Herrn Erzbischofs erhielt einen Volltreffer, der durchging bis in den Keller. Er tötete zwei Schwestern und verletze fünf, die im Generalvikariat und beim Hochwürdigsten Herrn den Dienst versahen. Der Hochwürdigste Herr Erzbischof rettete sich nur durch einen Sprung. Die Häuser der Domherren sind alle ausgebrannt. Die alten Kirchen wie St. Aposteln, Minoriten, St. Peter, St. Columba, St. Maratius, Maria in der Kupfergasse, Maria Himmelfahrt, St. Kunibert, Herz-Jesu-Kirche sind vernichtet, es stehen nur noch St. Michael und Lyskirchen, St. Martin teilweise.

Ich habe versucht, sehr geehrter Herr Freiherr, Ihnen ein kleines Bild von den Verwüstungen zu geben, unser aller Wunsch ist, wäre der Krieg doch zu Ende. Man scheut vor dem Aufbau zurück, weil alles wieder verwüstet werden kann. Wir beten und opfern weiter, daß der liebe Gott diesem entsetzlichen Ringen ein Ende mache.

Indem ich Ihnen für Ihre Teilnahme nochmals herzlichst danke, grüßt im Namen der Schwestern ehrerbietigst Ihre dankbar ergebene (gez.) Schwe. Mildreda v.hl.Fr.Oberin."

Die in dem Briefe erwähnten Neubauten beziehen sich auf einen Umbau des ehemaligen großen Lagerhauses und auf die von dem Kloster in unserem Garten errichteten kleineren Wirtschaftsräume. Der Fischteich ist das große Springbrunnenbassin im Garten, das schon zur Zeit meines Großvaters Engels bestand.

Durch eine freundliche Mitteilung des Generalvikariats des Erzbistums Köln, das im Juli seinen Sitz in Honnef aufgeschlagen hat, erfuhr ich noch, daß bei der Katastrophe am 29.Juni in dem Glockengasser Haus bis auf eine etwas eigenwillige alte Dame alle Insassen und Schwestern des Hauses mit dem Leben davongekommen sind.